JN437804

바람의 무게

책 만 드 는 집 시인선117

바람의 무게

김봉균 시조집

책만드는집

| 시인의 말 |

논두렁에서 나온 글줄이 남도에서 광화문으로 불어온 바람을 타고 어느새 세 번째 책이 되니 또 한 번 부끄러움으로 내놓는다.

우리글이 없어도 입으로 정으로 전해오던 우리의 장단 시조는 글 마디마다 3장 6구의 팽팽한 긴장에 3·4조 음률이 더해 우리 고유의 따뜻한 정서가 고인다. 자유시에 비해 많이 천대받는 것 같은 아쉬움은 우리 문인들의 책임으로 자유시의 발랄함에 비해 운율로 다듬어진 우리글은 읽을수록 쓸수록 그 맛을 더한다. 정용국 선생님의 글대로 시조의 아킬레스건인 '시조 형식의 변용'과 '서사성과 현장감이 도드라지는 다양한 소재'에 대한 숙제를 안고 또 한 발자국 서설을 밟는다.

시즉절詩卽切이라는 공자님의 말씀이 뇌리에 새겨져, 아프고 절실한 여인의 몸부림과 농민 집회 현장과 광화문 촛불마당까지 따라다닌 발품으로 약 80편의 시조를 골라 다시 내놓아도 시詩는 한마디로 정의할 수 없다는 어느 글이 다시 생각난다.

흙土 속에 숨어 있는 한마디寸 말言이 시가 된다는 '시詩' 자의 어원을 마음에 새겨 논두렁으로 소나무 숲으로 밤나무 밭으로 달려가 숨겨진 숨소리를 찾다가 한 마디 두 마디 건져 올려 흙이 부른 노래를 옮긴다.

수천 년을 두고 이 땅에 불어온 아픈 바람은 갑오년 하늘을 만나서 민주의 싹으로 살아나 큰 바람이 되어 반도 땅에 정의의 돛대를 올린다.

광화문까지 불어온 바람은 좀 순풍이 되는가 싶더니 아직도 갈 길이 멀다. 그 바람을 또 한 번의 억울한 아픔 백남기 선생의 길을 따라 글로 옮긴다.

–바람아 녹두꽃 바람아 눈물을 닦지 마라.

–2018년 마지막 달

김봉균

| 차례 |

3부 금강 아리랑

4부 녹두꽃 – 역사의 수레바퀴

5부 만리성

6부 바람의 무게

7부 촛불의 파도

8부 예루살렘

1부

흙이 부른 노래

풀잎 사랑

별들의 웃음소리
새벽하늘 내려오면

송골송골
온기 맺힌
초록빛 시 한 방울

담 밑에
쪼그리고 앉아
풀잎 사랑 적는다

샘터

솔바람 살랑대는
새벽길 옹달샘,

목마른 사슴 달려와
깊은 잠 깨우면

바위 밑
쪼르르 고이는
태곳적 꿈 이야기

들국화

산바람 여울목 산돌림* 감긴 무덤가에
여린 가슴 터질 듯 일어선 쑥부쟁이**
차가운 서릿바람에 깊은 향기 날린다

오월 단오 다섯 마디 구월 구일 아홉 마디
산 내음 스며드는 구절초九節草 마디마다
여인의 몸속 깊은 곳 선모仙母의 꿈이 어린다

땅속에 숨은 숨결 뿌리로 받아 올려
별빛 따라 맺힌 이슬 이파리에 내려 담은
처마 밑 새끼줄 엮인 따뜻한 익모益母의 정성

* 산기슭으로 내리는 소나기.
** 쑥부쟁이, 구절초, 선모화는 모두 들국화의 일종.

고드름

눈보라 몰아치면
더 자라는 유리 새순

썩은새 위에 오래 묵은
세월을 씻어내려

별들은
양지쪽에서
추억을 보듬는다

산 넘어 떠나가는
겨울 손님 아쉬워

처마 끝 친구들 모여
열병식 하는 날

아쉬운

낙숫물 소리
환송곡을 부른다

며느리 꽃길

무너진 돌담에 엉킨
며느리밑씻개
아픈 가시 따라 올라 모진 이름 주었지만
연분홍 꽃 몽우리는 고운 손주 눈망울

여우비 찬 바람에도
곱게 핀 며느리밥풀
진보라 꽃잎 위에 하얀 돌기 쌀 두 알
못다 핀 아쉬운 여로女路 다시 눈물 고였다

설한풍 서린 자국
이슬로 녹여낸 길
차라리 다시 꽃 피워 그날을 기다릴까
그래도 천지天只* 가신 길 북받치는 제 설움

* 『난중일기』에 나오는, 『시경』에서 인용한 어머니에 대한 높임말.

제비꽃

보리밭 아지랑이
기지개 켜는 길섶에
선잠 털며 일어서는
연둣빛 서툰 몸짓,
저보다
한 뼘 더 자란
푸른 꿈을 그린다

우수雨水 따라 내려온
달빛이 입 맞추면
알알이 맺힌 이슬에
기다림 적신 채
보랏빛
너울 속으로
높새바람 피워 올린다

영생초

추위 담아 보낸 길목 성급히 따라 나와
터져 오른 초록빛 열정 제풀에 시들어도
한 움큼 그리움 모여 떠난 자리 서성이다

청 대롱 가는 꽃대에 기다림 매달리면
연분홍 가녀린 꽃은 수줍은 듯 두리번거리다
가신 길 눈가에 고인 이슬을 보았음이라

늘 엇갈린 더딘 걸음, 함께 못 한 아쉬움에
뜨거운 여름을 뚫고 솟아오른 상사화는
긴 겨울 가슴 저린 추위를 탓하지 않음이라

허수아비

바람에 흔들리는 허전한 어깨 위에
긴 기다림 여무는 가을을 올려놓고
떠나간 산마을 약속 밤새워 엿듣는다

색동 적삼 가려진 봉긋한 가슴 위에
신이 난 선머슴 눈길이 마주치면
연분홍 치마폭 속에 움트는 생명의 꿈

욕심이 젖어들어 한숨 쉬는 들판에서
반딧불 불러 모아 어둠을 휘저으면
외발로 일어선 아우성 천둥으로 울린다

달빛

몇 번을 다짐해도 흔들리는 서툰 여정
아쉬움 돌아서서 큰 뜻을 또 세워도
저만치 떠나는 길에 타는 속만 따라간다
평화의 목마름이 산 이슬에 젖으면
눈물 젖은 가을을 안고 새벽을 벤 잔영殘影은
따라온 제 그림자 밟고 재회의 길 다진다

흙

수줍은 날빛 아래
황톳빛 약속으로

세월을 삭여내어
시커멓게 멍들고도

상처를 안은 자리에
희망의 싹 키운다

흙이 부른 노래

태초에 부르다가
사라져간 노래
새들과 여치들이
함께 부른 노래
잊혀진
흙이 부른 노래
다시 들려옵니다

푸른 숲 속에서
숨이 살아나는 소리
환경이 우리와
친해지는 소리
다 모인
사랑의 소리
다시 일어섭니다

만삭 여인의

고통도 안아주고

긴 가뭄에 파종도 못 한

고통도 끌어안고

새롭게

피어난 생명

녹색 꿈이 살아납니다

초록빛 꿈

아이들 손뼉 소리에 허수아비 춤을 추고
떡메 장단 추임새에 호롱기 호령하면
초록빛 운동장 위로 생명의 꿈 깨어난다

2부

타작마당

청사초롱

별 따라 내려왔나
달빛에 달려왔나
엄마 품에 고이 안겨
오월의 꿈 피우더니
어느새 아름다운 꽃 고운 향기 젖는다

사랑으로 일어선 길
고임 정성 수를 놓아
이슬 맺힌 큰 눈망울
순수를 여민 가슴속에
다져온 인애의 자국 또 보아도 새롭다

족두리 사모관대
청사초롱 밝혀 들고
성스러운 굳은 약속
험한 세상 노를 저어
손 모아 펼쳐 든 사랑 온 누리에 퍼진다

빈집

따뜻했던 아랫목은 바람 따라 비켜서고
상량문 겨우 일어서 지친 처마 달래주면
맴돌던 다듬이 소리 생명의 길 찾는다

타작마당

텃밭에 여문 여름을 마당 가득 안아 들여
영근 들깨 달아보니 근심이 서 말이라
긴 세월 젖은 적삼에 달무리가 어린다

수수엿

울고 가는 저 해 뒷길 아쉬움을 엮어 넣고
한 번 더 새긴 다짐 장작불에 끓여낸
가마솥 수수 물에서 고향 냄새가 스며난다

용서 엿기름 풀어 넣고 긴 설움 삭여내어
밤새워 달여낸 진한 약속 조청造淸에서
잊혀진 할머니 냄새가 새록새록 살아난다

워낭 소리

한생을 함께 모신 어여 소리 신이 나서
멍에 맨 어깨 위에 한 번 더 힘을 주면
황톳빛 정성 이랑에 소망 새싹 자란다

손때 묻은 쟁기 뒤에 송아지 안 보이면
목멘 방울 소리 저녁노을 재촉하고,
따스한 발자국마다 따라오는 희망 노래

삼십 년을 흔들어도 못다 이룬 고임의 정
어스름 새벽 달빛에 긴 약속 다진다
그리도 아픈 세월을 다시 잡아 세운다

임종臨終

마지막 온 힘 다해 몰아쉬는 가쁜 숨에
풀지 못한 갈등과 아픔이 매달린다
꼭 잡아 움켜쥔 약속에 회한悔恨이 서린다

설움을 놓지 못한 여인의 절규 위에
서럽게 달려온 걸음 기어이 쉼을 얻는다
팔십 년 잡고 있던 열정, 화해의 잠 청한다

봉천奉天지기

한쪽 다리 집념으로 기어이 일어서서
아무도 돌보지 않는 하늘바라기 땅에
이어온 자연의 농심 논두렁에 울먹인다

세월은 도망하여 천덕꾸러기 된 거친 땅에
이단 양수로 기어이 물 잡아 약속을 담는다
개구리 제철을 만나 소망 알 먼저 낳는다

비가 와도 바람이 불어도 태풍이 몰아쳐도
좋은 날을 벼르다가 벼르다가 벼가 되었다는
흔들린 토종 씨앗의 혼이 서러운 노래 부른다

고수래祰水來

이른 아침 몰아온
선일꾼 써레질에
논 가득 힘찬 물질로
풍년을 약속하면
팽팽한
못줄 소리에
들판도 춤을 춘다

산모롱이 돌아오는
함지박이 신이 나서
둘러앉은 일꾼마다
지친 허리 달래주며
고수래,
던진 음식에
선농先農의 꿈 어린다

해 질 녘 모여 선

온 동네 아낙네들
나무절구로 갓 지어낸
인심 고물 인절미로
필모 떡
나누는 마당
정마저 넉넉하다

3부

금강 아리랑

마곡麻谷학교 찬가

기름재 명가울 위로 검은 학이 깃들고
한시랭이 춤바위 가랕들에 춤추면
고비울 맑은 물 따라 아이들이 달려온다

구름 속에 반달이 뜨는 천하의 명당 터에
천 년이 흘러가도 사라지지 않는 터전
장하다 고임의 정성 삼대처럼 가득하다

금강 1

어둠을 헤쳐 온 달이 새벽 안고 내려설 제
무거운 바람 자국 은모래에 서성이고
흰 깃발 날리던 갈숲엔 긴 핍월이 울고 있다

사공은 간데없고 노송만 기다리는 나루,
갑오년 아우성은 송장배미*에 묻어둔 채
보릿동 넘기 지친 하현달 아침 강에 씻는다

* 공주시 곰나루 근처에 있는 동학농민혁명 유적지. 당시 치열한 전투에 돌보는 사람이 없어 수많은 시체가 묻히지도 못하고 썩었다고 전해진다.

금강 2

–청벽*송青壁松

빗물로 씻어 내리고 바람으로 깎아 세운
비단결 감긴 청벽 위에 한 올 한 올 뿌리 내려
바위틈 가른 몸부림 옹이마다 저민다

가는 잎에 스민 사설은 송실에 새겨두고
설한풍 버틴 어깨에 이끼 세월 올려놓은 채
더 푸른 고고한 기개 구름 사이로 솟는다

* 공주시 반포면 금강錦江 변에 있는 암벽.

금강 아리랑

무주라 진안 장수로 구천동을 돌아서
아리랑 이어온 가락 새 강물에 젖어
칠백 의義 뜻을 세우니 적벽강赤壁江이로세

실개천에 젖어 흐르는 정지용의 향수는
넘치는 사랑으로 익은 내 가득 담아
구슬내玉川 돌고 돌아서 대청호에 넘치네

미호천에 가득 담은 긴 약속 만나서
비단내錦江 물결마다 더 다진 기다림
청벽靑壁에 깊게 새기니 강물도 울먹인다

녹두장군 넘지 못한 우금티의 한은
고마나루 송장배미 동동걸음 일어서
곰나루 늙은 소나무 그날을 깨우네

부여성 백제 궁터에 충의를 세우고

계백 장군 말을 몰던 황산벌이 보인다
백마야 달려 나가자 고성진古城津이 저기다

부소산 낙화암 아래 날아가는 물새는
긴 세월 기다린 자리 진달래 산천에
솔밭에 울고 서 있는 신동엽을 부르네

물레야 한산 물레야 슬슬슬 돌아라
묻지 마오 우지 마오 서러워~ 마오~
가신 임 다시 오는 날 세모시로 모시게

가세 가세 어울려 가세 어깨를 맞대고
넘실넘실 서해 넘어 큰 바다로 가세
동산에 무지개 타고 새날이 온다네

금강 11

-공산성公山城에서

비단 물길 이 천 리 긴 침묵을 여민 채
강물에 비친 흰 깃발에 굳은 약속 다지고
공북루拱北樓* 돌아 나가는 여유 위에 감긴다

밤새워 아픔 삭인 새벽하늘 다시 열어
기와 조각에 스며든 천년 그리움 부여안고
곰나루 노송 사이로 휘감아 도는 저녁노을,

새날을 기다리다 하품하는 빈 산성에
수문병 교대하는 병사의 갑옷 사이로
오다가 길에서 만난 백제의 꿈을 엿본다

* 1603년(선조 36) 건축한 공산성의 북문. 원래 망북루가 있었으나 금강에서 성 안으로 들어오는 길목에 현재의 누각을 세웠다.

묵방산 울음소리

묵방산 산마루에 금잔디 깔아놓고
오가는 사람들에게 산 이야기 들려주던
따뜻한 팔각정 위에 근심이 쌓여간다

기다리던 산의 소식 아직도 먼 길인데
이장移葬 공고 팻말은 발길을 재촉하고
욕심이 할퀸 산허리엔 집 잃은 참매가 운다

* 2011년 2월 24일 묵방산 지키기 단식투쟁 마지막 날, 농민 생존권의 위대한 승리를 기원하면서.

금강 19

—다시 흐르고 싶다

실개천 품에 안고 미호천 마중하여
덩실덩실 춤추던 고운 자리, 비단 물결
피 흘려 얼룩이 져도 정 더하여 흐른다

흘러야 강이라는데 막아놓고 살리기라
욕심 이끼 낀 강마을 먹이사슬 끊어지고
쌓이는 근심 둠벙에 물고기 떼 한숨짓네

잃어버린 백사장을 다시 찾는 모래무지
꿈에 본 벗들과 새날을 다짐해도
떠나간 천년의 약속 언제 다시 세우나

금강 20

–강 울음

달무리 타고 오다
잠이 깬 작은 구름

생명의 길 지켜내려
지친 강 따라가다

저만치 강 울음소리에
는개 되어 서성인다

운중반월雲中半月

설렘이 둥지 트는 유마 양수 저 품 안에
구름 위로 초승달 뜨는 따뜻한 산자락에
매화꽃 떨어진 자리 선농의 꿈 여문다

구름재 올라서서 넘나드는 화전고개
오얏들 신촌들로 천 년을 다짐해도
아직도 풀지 못한 정 아홉살이로 울며 간다

똥바위 장수바위 구암九岩*마다 새긴 기약,
벗들은 떠나가도 바위는 그 자리 서서
흩어진 산 울음 모아 신新농부가 부른다

* 마을 주변에 장수바위, 씨앗바위, 여우바위, 두엄바위, 요요바위, 감투바위, 똥바위, 홈바위, 덮석바위 등 아홉 개 바위가 둘러 있어 지어진 이름이며, 학교 뒷산의 명당 터인 운중반월의 운雲 자와 합하여 운암리가 되었다.

무성산武城山*

함박눈에 실려 온 침묵이 쌓이는 밤
별빛이 파수 보는 푸근한 산자락에
천 년을 더 기다려온 긴 약속 다진다

영천골 석송 곁으로 따뜻한 숨결 일어나
검새울 계수나무에 꽃물 든 달빛 비치면
이어온 긴 계곡마다 젖어드는 선린善隣의 향기

무너진 성벽에 잠든 전설이 살아나
갈숲에 인 바람이 산의 노래 부르면
다시 선 하얀 학들은 영원의 소리 듣는다

* 공주시 사곡면과 정안면을 가로지르는 산. 높이 614m, 남북으로 15km에 걸쳐 이어지며, 공주시에서 북서쪽으로 보면 마치 한 마리의 누에가 기어가는 듯이 보인다. 동쪽으로는 고성, 쌍달, 석송石松, 평정, 한천리를 아울러 영천이라 부르고 서쪽으로는 기름재, 명가울, 검새울玄鶴, 한시랭이, 계실桂實, 화월花月 등 자연 촌락이 아름답게 자리하고 있으며 예로부터 십승지로 알려졌다. 정상 주변에는 성곽의 흔적인 돌멩이와 10여 개에 달하는 석탑들이 있고, 산속에는 홍길동의 활동 무대로 전해지는 홍길동산성 터와 홍길동굴이 남아 있다.

공산성公山城

성벽 이끼에 낀
꽃바람은 불어
강물에 뜨고

눈보라 휘몰아쳐
긴 꿈을 덮어도

따뜻한
마을, 거기
사람이 있었네

4부

녹두꽃

– 역사의 수레바퀴

녹두꽃

천 년을 기다려서 뜻을 세운 남도 땅에
녹두꽃 진다 하고 아이야 설워 마라
무명에 핏빛이 물든 자유의 꽃 보리라

파랑새 날아오르다 찬 서리에 떠는 날,
껴안고 몸부림치다 기다림마저 스러지면
차라리 광야로 달려가 바람 막아서리라

한강 1

―파천무破天舞

어린 임 고인 정성 차마 입을 열지 못해
차라리 가슴에 감추고 역사에 묻어온 길,
오백 년 침묵은 열려 남산 위에 들려라

황소들 울며 간 자리 동아줄도 흐느끼는가
굽힐 줄 모르는 기개엔 날빛마저 흐리고녀
노을 진 새남터에는 북소리만 잦아드나니

강물은 제 길을 찾아 새날로 흐르는데
하늘을 울린 춤사위, 청사에 새겨져도
못다 핀 충의忠毅의 뜻은 다시 필까 하노라

* 후손들이 역사를 공부하는 것은 그 역사를 통하여 오늘을 사는 우리의 거울로 삼기 위함이다. 남효온(사건 당시 나이 3세)의 『육신전六臣傳』에 의해 500여 년을 가려져 있던 인물인 충의공 백촌 김문기공을 왕조실록이 열리면서 1977년 9월 국사편찬위원회의 결의에 의해 사육신으로 새롭게 현창하였다. 당시 거사 인물 중 최고 책임자(공조판서 겸 삼군도진무)로서 어린 임금(단종)과 수많은 부하들을 살리기 위해 끝까지 입을 다문 기록을 세조실록은 "唯文起不伏"이라 전한다. 당시 선비들의 큰 뜻을 작은 글에 옮겨본다.

명량鳴梁

–영화 〈명량〉을 보고

모두가 떠나간 자리 슬피 우는 들보 바다
피섬에 휘몰아친 억울함 회오리 위로
풀어낸 가슴속 염원 다시 깃발 올린다

두려움이 배를 몰아 서러운 바다 달래면
백성들 달려 나와 승리의 함성 목메어도
아직도 풀지 못한 꿈 울돌목에 맴돈다

방촌*가厖村歌

–2015년 11월 21일 반구정에서

의리로 도포 감고 가난으로 벗을 삼아
청렴으로 뜻을 세워 태평성세 이루신 길
반구伴鷗**야 알리오마는 다시 보니 그립다

산도 하나 하늘도 하나 강물도 그대로인데
갈라선 마음들은 언제쯤 이어지나
속 타는 임진강 물은 방촌가를 부른다

* 조선조 세종 대의 명재상 황희 선생의 호. '방'은 '물방울 방' 또는 '풍족할 방'의 뜻을 가지고 있다.

** 방촌 황희 선생께서 조정에서 물러나신 후 임진강 변에 정자를 짓고 늘 가까이 날아오는 갈매기를 벗 삼는다는 뜻으로 '반구정伴鷗亭'이라 하였다.

우금티의 한恨

세습 노비 백골징포에 지쳐버린 인동초,
황토현 승전고로 자유의 꽃 피었으니
일어선 민중들이여 선농의 꿈 이루세

평등 세상 꿈꾸며 모여든 집강執綱의 길
민주화 뜨거운 열정 깊은 잠 깨우는데
기어이 바다 건넌 탐욕 붉은 피를 부른다

척양척왜 보국안민 가슴속에 태우고
우금티에 몸 바친 이름 없는 농민군이여!
오호라 떠나는 새야 언제 다시 오려나

뿌리 깊은 나무*

말을 해도 글이 없는 어리석은 백성은
스러져도 또 일어서 천 년을 기다려도
제 이름 적지 못하는 발자국이 무겁다

움켜쥔 욕심으로 피를 부르며 막아서도
살아 있는 해례를 듣고 꿈틀대는 생명 글
따뜻한 가슴속으로 더 깊은 뿌리 내린다

* 2011년 가을 SBS에서 방영된 드라마 제목으로, 한글 창제 과정을 다루었다.

강정 평화

서설도 축복인 양 평강을 약속하고
피 묻은 금강 물도 생명을 감싸는데
외로운 구럼비바위 가슴속 울음 운다

한 발자국 디딤마다 돌멩이도 숨을 쉬고
다가선 넓은 가슴에 들꽃 향기 살아난다
쌓이는 글발 가방엔 평화의 꿈 여문다

남일당 이분법

역사는 남과 북을 구분하지 않는다
햇빛은 흑과 백을 차별하지 않는다
바람은 가난한 자와 부자를 나누지 않는다

그러나 오열嗚咽을 삼킨 남일당 불꽃은
삼백쉰다섯 날을 뜨겁게 타올라
진실과 거짓을 나누어 파란 하늘에 깊게 새긴다

갈대밭 울음소리

순천만 갈대가 우는 소리에서
떼 지어 날아가는 흑두루미 울음에서
아직은 살아 있는 꿈, 생명 소리가 들린다

끝없는 회색빛 갈대숲 그늘에서
여순사건에 이유도 모르고 죽어간
천 명의 억울한 피울음이 다시 살아난다

천진하게 달리는 아이들 웃음소리에서
하늘로 오르는 무지개 약속에서
백두산 남도 끝 이어 하나 되는 노래 들린다

5부

만리성

태몽

열대야 새벽 선잠 현몽에 가위눌리고
설한풍 문풍지 소리에 밤새워 뒤척이던
신고의 세월만큼 바랜 꿈 속에 저미는 시詩…

만리성萬里城

달빛을 안아 들여
아랫목에 재운 후에

창호지 문구멍은
풀을 발라 막아놓고

긴긴밤
시詩 아이 찾아
만리성을 쌓는다

하관下棺

파헤친 황토에서 산의 소리가 들린다
따라온 천 근의 무게를 내광內壙에 내려놓는다
타오른 꽃상여 위에 질긴 인연을 태운다

산에서 내려오는 발자국이 호곡하면
아직도 아물지 못한 상처가 밟힌다
북향한 산그늘 아래 사랑의 끈을 묶는다

아버지와 시집詩集

샛바람에 설렌 가슴 긴 밤을 지새우고
새벽별 따라나선 땀 내음 입김에 서려
젖어든 베잠방이엔 불끈 힘이 솟는다

팔 남매 키우시며 신이 난 다부진 어깨
손자들까지 몰아세운 소문난 일 욕심은
세월이 흐른 뒤에야 깨달은 큰 가르침,

그렇게 가꾸어도 못 이룬 꿈 한이 되어
한쪽 폐를 도려내 구름재 너머 묻고 서서
다잡아 움켜쥔 북채는 당길수록 느려진다

갈고닦아 눈물로 바친 아들 시집 품에 안고
풀지 못해 머리에 베고 꿈에서나 열어볼까
못다 한 가시고기 울음은 가쁜 숨에 젖는다

시와 북鼓

푸른 동산 사람들 모여
산의 노래 부르던 날,

시 울림 받쳐 든 소리에
어머니 눈물 젓는다

떨리는
북채를 따라
생명의 소리 들린다

봄앓이

곧게 선 홍도화 곁에
봄을 앓는 여인의 가슴

사월의 반란을
온몸으로 받아내다

아픔을 감당할 수 없어
푸른 피를 토한다

서편제 2

–소리바람

소리 찾아 다져온 길 새벽하늘 울리면
휘모리 벅찬 소리에 별빛마저 아우르고
떨리는 두 볼 위에는 이슬방울 젖어든 채

아니리도 풀지 못한 여운 온몸에 휘감아
펼쳐 든 부채 안에 타는 가슴 부여안고
세사에 스친 바람은 마디 사이에 재운다

잔잔한 북소리에 중중모리 살아나서
녹아든 듯 감기다가 자는 듯 솟구쳐 올라
천 년을 두고 흐르는 강물에 뜬 소리바람

오군자五君子

—畵人 許輿 선생님께

설중매화 고결함에 청난의 그윽함을
매이지 않는 수국 위에 죽림풍 운치를 더해*
사군자 귀한 이름으로 문방 위에 새긴다

땀에 젖은 베적삼 여인, 따뜻한 가슴을
조선의 냄새를, 그 소리를 담고 싶은
붓을 쥔 두꺼비 손은 열정에 흔들리고

갈수록 굳어지는 한 손과 한쪽 발은
다 펴지 못한 한으로 붓 끝에 다시 어려
오군자 가는 선 따라 묵향의 꽃 피운다

* 梅令人高 蘭令人幽/ 菊令人野 竹令人韻.

향기를 캐는 여인

밤바다 외로운 섬 퇴고의 파도 몰려들어
밤새운 몸부림 스러지면, 배 한 척 다가와서
상큼한 시 향기 속으로 돛을 높이 올린다

물에 빠져 허우적거리는 손목을 곧게 잡아
숨어 있는 암초를 용케도 걸러내어
오늘도 사라지지 않는 희망의 향기를 캔다

"그대 사라진 수평선 너머까지
그리움 앞세워 달려가노니
달빛 노 잃은 밤엔
별빛 저어 오기를…"*

* 윤연옥 시인의 「수평선」에서 옮김.

6부

바람의 무게

길쌈하는 날

징용길 겨우 돌아서 초연 속에 떠난 신랑
그리움 베틀에 감아 세월을 길쌈하는 날,
다리의 바늘구멍마다 베틀노래 고인다

도투마리에 곱게 앉은 약속 실을 풀어
아이 사랑 촉촉한 씨줄은 북 안에 담고
물레야, 슬스리 스르렁 뽀얀 살결 잣는다

나는 듯 또 가는 듯 철커덕 소리
굳은살 앉을깨에 땀 내음 깔고 앉은 밤
이어 선 쇠꼬리 막대에 소망 살림 감긴다

바람의 무게 1

고통의 끝자락을
안아보지 않고는
세월의 발자국을
옮겨 적을 수가 없다
소한小寒을
스쳐 온 삭풍이
아비의 어깨를 누른다

바람의 눈물을
담아보지 않고는
하늘의 깊이를
결코 잴 수가 없다
삭여진
바람의 상처가
엄마의 눈가에 고인다

바람의 무게 2

생명의 파열음이
긴 강가에 고이면
바람의 발자국은
갈 길을 잃어버리고
파헤친
강가의 칼바람
위민爲民의 꿈 자른다

신원伸冤의 아픈 오열이
하늘가에 쌓이고
길 잃은 바람 몰려와
무거운 이야기 풀어놓으면
따뜻한
하늘 강가에선
여인의 설움 씻는다

방물장수

고개고개 또 넘어 희망 길 육십 리
구름재 한시랭이 고무신 다 닳도록
산마루 이고 간 자리 아쉬움만 따라간다

희망 약속 한 보따리를 머리에 인 엄마는 머리 위 짐에 손을 안 대도 능숙한 솜씨로 한시랭이 고갯길을 오릅니다. 마을마다 전해 담은 구수한 이야기를 보자기에 싸매고 다시 집집마다 전해주는 따뜻한 안방 웃음 마당을 이고 다닙니다. 장터에서 골라 온 옷보다 더 좋은 정으로 파는 입담은 새로 나온 나일론 양말보다 더 질긴 따뜻함을 전해주는 행복 전령사가 됩니다. 이른 나이에 청상이 되어 두 아이 뒷바라지 길, 하루에 수십 리를 걸으며 열 번을 넘는 고갯길도 힘든 줄 모르고 곡식으로 바꾼 머릿짐은 갈 때보다 두 배는 무거워도 그만큼 남은 희망에 힘든 줄을 모릅니다. 엄마를 기다리던 두 아이는 날이 점점 어두워지면 엄마가 이고 오는 소망 보따리를 받으려 숙제도 잊어버리고 동구 밖에서 기다립니다. 유난히 똑똑하고 공부 잘하던 준수한 아들은 굳은 약속을

다 세우지 못하고 사고로 먼저 떠나야 했습니다. 평생 언약으로 버텨온 동동걸음 무쇠 다리는 그만 힘을 잃고 하얀 눈 내리던 날, 늘 넘으시던 고갯길에 누우셨답니다

예쁜 딸이 손자를 안고 봄이면 찾아와 진달래를 꺾어 엄마 앞에 놓으면 할머니 냄새가 밴 방물장수의 고갯길 넘는 노래가 들려옵니다

사랑으로 받쳐 들고 정성으로 고인 자국
두 아이 맑은 눈망울 세월 길 더 빨라도
가신 길 돌아본 자리 행복 이은 구름 길

귀향歸鄕 1

–해원解冤

까닭도 기약도 모르는
이역만리 서러운 길
아픈 상처 곪은 자리
밤마다 피울음에
아직도
억울한 이름
누울 곳이 없어라

가슴에 박힌 깊은 한恨은
녹는 눈에 놓으시고
꽃 피는 봄날이면
정든 친구 불러 모아
더딘 길
청사초롱 밝혀
새날 잡아 오소서

–또 한 분의 억울한 이름 황금자 할머님의 영전에 드립니다.

귀향 2

–강제 성노예 영화 <귀향>을 보고

억울함도 지쳐버린 땅끝 지옥 이역만리
흔들리는 기약마저 불구덩이에 스러지고
가시리 서러운 가락 가슴 둘 곳 찾는다

차라리 미쳐버린 길, 잃어버린 하늘가에
아리랑도 울먹이며 넋이라도 불러내어
눈물도 말라버린 날개 한恨 서린 나비 떠난다

어머니

혼수 비단 길에 깔아 겨우 넘어선 피난길에
서른아홉 친정아비 눈밭에 묻고 울면서도
지켜온 따스한 태胎 속엔 태곳적 꿈이 서린다

가슴속 켜진 불로 초롱 눈 비춰주면
흩어진 가지마다 설렘 안고 돌아올까
기다림 눈물이 되어 사립문에 고여도

간절한 소망 호미 잡아 강낭콩을 심는다
말로 못 한 시 한 방울 베적삼에 젖는다
여린 듯 곧게 일어서 풍진을 헤쳐 온 여로

지슬*

동굴 속 작은 평화 소지燒紙로 피워 올려
못다 부른 「이어도 사나」 섬의 상처 안아주면
속 타는 다랑쉬오름 구럼비에 눕는다

천 년을 다듬어 가꾸어온 생명의 열매
미쳐버린 총소리에 산산이 부서져도
아직도 뜨거운 감자 다시 모아 심는다

* '감자'를 뜻하는 제주도 방언으로, 제주4 · 3을 주제로 한 독립영화의 제목. 2013년 선댄스영화제 대상 등 많은 상을 받았다.

추노追奴*

자유의 깃발 들고 일어선 긴 싸움에
또 한번 부딪치는 갈등의 울음소리,
눈물로 얼룩진 발자국 새 길 찾아 떠난다

마지막 웃음의 날 손 모아 기다려도
몰아치는 바람에 날개가 꺾인다
무너진 바위 치기 도전 다시 눈물 젖는다

* 2010년 초 KBS에서 방영된, 조선시대 노비에 대한 역사와 애환을 다룬 드라마 제목.

7부

촛불의 파도

시들지 않는 꽃

–2013년 8월 서울광장에서

수레바퀴를 거꾸로 돌리는
오만한 발자국마다 분노가 밟힌다

캄캄한 절벽을
타고 오르는 촛불의 바다,

소녀의
순수를 태워 피어난 꽃은
팔월의 폭염에도 시들지 않는다

처음처럼

–고 신영복 선생님 추모시

스무 해를 다져 올려 한 땀 한 땀 엮은 자리
눈물로 땀방울로 밝은 세상 보잤더니
아직도 어두운 세상 글조차 부끄럽다

새로운 연대체로 일어선 민초의 붓
좌우 날개로 함께 나는 평화의 새 그려내어
따뜻한 길벗 삼천 리 처음처럼 새롭다

앞장서 외치지 않고 묵묵히 다져온 길
끈끈한 어깨동무로 하방연대 꿈꾸던 길
한걸음 가신 뒤에도 더 큰 걸음 따라간다

얼음꽃

−2011년 11월 23일 서울광장에서

숨겨둔 자유의 공포
얼음꽃으로 막아서서
생명 줄 타는 몸부림
절망을 깨우면
기다린
평화의 강가에
목멘 가난이 운다

다이빙 벨

사월의 바닷속으로 몸부림치던 눈물은 지고
영정 사진 앞에 흘리던 발톱 숨긴 거짓 눈물은
처절한 날을 들어 올린 염원 앞에 여우 꼬리 숨긴다

평안을 찾아 헤매는 가난의 슬픈 아우성이
지친 날들에 소리치며 목이 메어도
진실을 짓밟는 어둠의 세력은 끝내 거부한다

아직도 끝나지 않은 희망의 종소리를
생명의 울음 속으로 삼킨 채
절망의 바닷속으로 다시 다이빙한다

파도

–2016년 11월 26일 광화문에서

황소마저 울먹이는 세종로 네거리에
무거운 걸음 트랙터로 정의 구름 몰고 오자
밀려든 소망 불빛으로 춤추는 민중의 바다

거짓 웃음 가면으로 발버둥 치는 모순 공화국
영혼마저 팔아버린 좀비들로 가득해도
일어선 혁명의 바람에 뿌리마저 쓸려 간다

암흑 속에 잠시 숨은 소중한 촛불 희망
움켜쥔 숨결마다 출렁이는 역사의 꿈
삼천리 가득한 물결 일어서라, '끝내 이기리라'

노란 약속

조금만 더 빨리 조금만 더 사랑으로
그 배를 반듯하게 잡았으면 안 되나요
아직도 잠들지 못한 아이가 새벽을 깨운다

어디로 숨었는지 어디서 꼬였는지
끝까지 숨겨놓은 비밀을 밧줄로 흔들어서
한줌도 안 되는 권력을 촛불이 옭아맨다

그래, 이제는 보내자, 따뜻한 나라로
차가운 물속에서 노랗게 물든 천 날을,
소중한 약속을 곱게 접어 기울지 않는 배에 태우자

바람의 눈물

–고 백남기 선생의 영전에

백도라지 심은 자리 평화의 꽃 피어나고
민주화 소망으로 일어서는 평등 세상
마음은 백두산 넘어 통일을 꿈꾼다

잃어버린 밀을 찾아 남도 땅에 진실을 심고
쓰린 고난 벗 삼아 삭여낸 구도求道의 길
바람아, 녹두꽃 바람아 눈물을 닦지 마라

독재 구름 몰려오고 신자유가 춤추는 마당
살인 물포 막아선 길 설움은 물러서라
징채야 다시 울려라 농민군 나가신다

광주 아라리

–영화 〈택시운전사〉

정의의 꽃 핀 금남로에
남도 아리랑이 흐른다
장구를 멘 할아버지도
북채 잡은 아주머니도
무등산 침묵을 깨우며
피에 젖은 아라리를 안고 온다

이해할 수 없는 눈물 고인
택시 운전사들의 눈가에도
진실 가방을 멘
파란 눈 기자의 가슴에도
자유와 민주를 향한
쓰디쓴 쓰리랑이 스민다

잊을 수 없는 뜨거운 약속
아직도 불꽃으로 살아
사람 사는 아리랑을

목 놓아 부르리라
지금도 일어서는 노래
평화로, 통일로

통일 아리랑

아리랑 아리 아리랑
아리 아리 아라리요

천 년을 또 세어도 넘지 못한 고개 위에
세월에 지친 구름 다시 모여 쉬어 간다
아리랑 아리 아리랑 아리 아리 아라리요

진도에서 정선으로 사할린 흑룡강으로
황산벌 한산도로 우금티 넘어 눈물 광주로
풍진을 헤쳐 온 아리랑 아리 아리 아라리요

설움은 삭여두고 분노는 감춰두고
내딛는 발자국마다 추임새로 안아 올려
반도를 움켜쥔 설렘 푸른 솔에 어린다

다져온 기다림에 평화의 약속 한데 엮어
백두에서 한라까지 긴 걸음 이어지면

오호라 통일 아리랑 삼천리에 하나라

아리랑 아리 아리랑
아리 아리 아라리요

삼지연三支聯

–2018 평창평화올림픽 삼지연관현악단의 축하 공연을 보고

끈질긴 흔들림에 혼돈한 청년
칠십 년 간극을 태우는 태극기 할아버지
어이타 갈라진 운명 언제나 하나 될까

답답한 먹장구름 오륜기로 걷어내고
악보도 없이 혼신을 다한 그때 그 친구들
또 한번 이어진 만남 더 길어진 목 달랜다

북에서 남으로 바다 멀리 갈라진 길
삼지연三池淵 하나 되듯 평화로 뜻을 모아
기어이 일어선 소망 통일 아리랑 부른다

한가위 소망

언제나 뜨는 달이라도
올해 맞은 한가위는
천지 위로 솟아난
서광을 안고 와서
온 겨레
하나 됨 위해
더 무겁게 솟는다

백록담에 일어선
느린 걸음 황소울음도
백두산에 포효하던
호랑이 잰걸음도
이제는
평화의 길로
굳은 약속 다진다

사랑채 연가

—2018년 11월 4일 새벽 청와대 사랑채 앞 농성장에서

제 나라 먹거리 지키자고
밥을 굶는 마당에
성주 할머니 평화의 절규가
아직도 아프게 운다
칼질한 문화의 나라
잃어버린 자존이 운다

밀도 콩도 GMO에게 내주고
농약에 오염된 나라
땀값을 잃어버리고
논바닥에 갈아엎는 농심
외쳐도 답이 없는 침묵에
삼각산 바위가 말한다

정의로 다시 세운다고
촛불 앞에 엎드리더니
권력 맛에 취한 대가는

민중의 아픈 울음인가
한 발짝 나가지 못한
촛불혁명이 다시 꿈틀댄다

8부

예루살렘

마르지 않는 물

방울마다 분향焚香 젖은
생명수 흐른 자리

아픈 흔적 여민 물결
스쳐 온 바람 따라

그윽한
경건의 향기
여울마다 살아난다

날개

영원의 옆구리에서
뜨거운 피 흐르던 날,

고뇌의 언덕은
눈물로 범벅이 되고

절망을
적어 내리던 붓에
새 날개가 돋는다

우슬초牛膝草*

정결을 약속한 풀이 쇠무릎牛膝인 것은
멍에 터 헤진 후에 뼈까지 각을 떠서
귀한 피 가지에 적셔 제단에 함께 드림이니

뼛속에 깊이 스민 쓴 독毒을 녹임같이
온 땅에 드리운 부정한 그늘 몰아내는
언약을 다시 세우는 멍울진 무릎인가

애굽 땅 사신死信을 막아선 피 묻은 잎사귀는
타들어 간 입술 위에 해융을 매단 우슬초는
거룩한 입맞춤 위한 아픈 상처 씻어줌이라

* 요 19 : 29 "거기 신 포도주가 가득히 담긴 그릇이 있는지라 사람들이 신 포도주를 머금은 해융을 우슬초에 매어 예수의 입에 대니".

예루살렘

설렘으로 일어선 길 어둠이 몰려오고
모래바람 일어서 모리야 바위를 덮자
아리엘의 어두운 마당에 죄의 먼지가 쌓인다

아벨과 이사야, 골고다의 피에 젖은 시온산
십자군과 지하드의 피가 엉겨 있는 언덕에
아직도 끝나지 않은 아픈 역사가 흐른다

첫새벽 물두멍 소리에 침묵이 눈을 뜨면
하늘이 성좌를 접고 산 아래 내려와
피 묻은 얼룩 앞에서 걸음을 멈춘다

흩어진 기도를 모아 향불을 밝히면
휘장의 흔들림 속에 성전聖殿이 잠시 울고
못다 핀 거룩의 꽃을 밤새워 기다린다

위에서 내려오는 자유가 쌓이면

어머니* 가슴을 울린 공의로 짠 새 옷 입혀
원방을 비춘 빛으로 다시 너를 세우리라

* 갈 4:26 "오직 위에 있는 예루살렘은 자유자니 곧 우리 어머니라".

초막절草幕節*

따뜻했던 별집은
무너져 내리고
차가운 북풍 몰려와
온 땅을 얼음에 가둔다
그 바람
막아서려고
수많은 양들이 잠들면

골고다 피로 이루려던
기나긴 유월逾越의 꿈은
아직도 페쇄**의
그림자에 짓눌려
무거운
발걸음 옮기지 못하고 머뭇거린다

따뜻한 집 남겨두고
풀로 지은 집 가지 사이로

무지개
빛 따라 떠나는 길의 리허설에서
참아도 참아도 솟구쳐 오르는
긴 역사의 눈물이
초막의 그늘에 젖는다
어린양 혼인 잔치 장막의
끝자락이 보인다

* 성경에 나오는 일곱 절기 중 가을에 지키는 마지막 절기(슥 14 : 16). 새 예루살렘에서도 지킨다고 기록된 것으로 보아 죄악 세상에서 벗어나 본향으로 향하는 성도의 길을 안내하는 절기라 여겨진다.

** '죄악(페솨, pesha)'은 하나님께 대한 '반역'을 뜻하는 히브리어로 "망하게 하는 죄악(단 8 : 13)"과 "그들이 범한 모든 죄(레 16 : 16)"에 같은 용어로 표현되어 있다.

멜기세덱

시작도 끝도 없는
고임으로 다가와
어미도 아비도 모르게
평강으로 포옹해도
애타는
경건의 발자국 디딜수록 무겁다

따라온 흑암의 세력
눈물로 막아서서
골고다 아픈 몸부림
어둠을 깨우면
드리운
공의의 강가에 목마른 가난이 운다

마라*

기쁨과 희락을 찾아
머나먼 모압에 온 그들은
욕망의 뜨거움을 맛보았다
낯선 타향에서
소중한 약속을 다 잃어버리고
순렛길
지친 여인은
쓰디쓴 눈물을 마셔야 했다

다시 돌아서 온
무거운 귀향길,
보리타작 마당에서
며느리의 태를 빌려
긴 날을
이어온 약속의 씨앗을
심는다

* 구약 「룻기」에 나오는 '나오미(기쁨)'라는 여인이 자신의 이름을 '마라(괴로움)'라고 부르라 한다.

동지冬至

열린 문*으로 달려 나와 우주에 떠돌던 의義의 빛이
의심 홍수에 휩쓸려 그만큼 기울어진
지축을 따라 내려와 남회귀선에 머문다

골고다의 아픈 포옹도 화해하지 못한 발자국
두 천 년이 다 가도 외롭고 추운 길을 걷는다
황사에 가린 산마루에서 어둠에게 악수한다

겨울 끝 선을 또 찍고 돌아서는 피곤한 빛이
이른 아침, 정성으로 끓인 어머님의 팥죽에 엉켜
아직도 일으켜 세우지 못한 기울기의 무게가 서린다

* 계 4 : 1 "이 일 후에 내가 보니 하늘에 열린 문이 있는데".

| 해설 |

공산성公山城 검투사가 부르는 광야의 노래

정용국 시인 · 한국작가회의 시조분과 위원장

1. 로그인

인간이 자기 주관에 따라 자신의 의지대로 생각하고 행동하기까지에는 상당한 기간 동안 주변 환경의 영향을 받으며 긴 성숙의 다리를 건너야 한다. 가장 먼저 이 세상에 생명체로 태어나는 과정은 자신의 의지와는 아무 상관 없이 결정된다. 또한 태어난 이후에도 부모의 재산이나 능력에 따른 양육 방식에 의해 인격이 좌우되며 본인의 의지나 재능과는 별도의 범주에 놓이게 된다. 만약 대학자인 퇴계나 율곡이 종의 아들로 태어났다면 어찌 학문의 대업과 도를 이룰 수 있었겠으며 수운 최제우나 손곡 이달이 적자로 태어났다면 그런 험난한 길을 갔을까 생각해보면 태생이 얼마나 중요한 것인지를 실감하게 된다. 반상과 서얼 제도가 혁파되고 아무리 민주적인 사회에서 성장하는 현실이 되었다고 해도 부와 권력의 슬하와 가난과 무지의 환경은 분명히 존재하며 그것이 한 인간에게 끼치는 영향력은 무시할 수 없다.

가계家系의 사례만 하여도 인간의 위상을 다르게 하지만 한 인간이 성장하는 자연, 사회, 정치적 환경도 커다란 변수로 작용한다고 볼 수 있다. 지역의 기후는 기본 요소이며 가족의 다양한 위상, 사회의 분위기와 정치 상황 등은 인간의 주관과 감정을 변화시키며 그의 시각과 태도를 결정하는 엄연한 변수로 작용하는 것이다. 그러나 동시대를 살아가더라도 이완용과 안중근의 경우처럼 전혀 다른 인생의 길을 가는 경우를 생각해볼 때 개인의 의지와 결심이야말로 한 인간의 고귀함과 비루함을 결정짓는 핵심이라 말할 수 있다. 전술한 '개인의 의지와 결심'은, 완성된 인격체가 사리私利를 넘어서 사회와 국가의 대의를 고뇌하고 미래를 전망할 수 있는 탁견이 필요하며 최후에는 자신의 생명까지도 내놓겠다는 고결한 헌신에 이르러서야만 가능한 일이다.

김봉균의 원고를 받아 들고 이렇게 심각하게 주관과 정의를 생각해보는 것은, 변방의 검박한 무명의 한 시인이 태어나서부터 이순에 이른 현재, 궁핍하고 거칠기만 했던 대한민국의 격동기를 살아오면서 세 번째 시집을 내기까지 그가 겪고 헤쳐온 길이 얼마나 숨찼을까를 생각했기 때문이다. 인생의 도정은 상대와의 연속된 마찰과의 조우라 해도 과언이 아니다. 어린아이들도 부모와 형제간의 관계에서 작고 큰 마찰을 겪으며, 진

학을 하면 더 많은 난적들과 만난다. 학업은 어려운 법이고 연치가 높아질수록 이해관계는 한결 복잡해지며 다양하고 엄중한 책임과 의무는 개인에게 무겁게 다가온다. 사람을 만나고 결혼하는 과정에는 생각하지도 못한 많은 문제들이 돌출하게 마련이며 자식을 기르게 되면 가히 그 책임은 최고도에 달하게 될 것이다. 직장은 개인의 위상과 능력을 시험하고 상대방과 처절하게 대적해야 하는 총칼 없는 전쟁터가 되기도 한다. 더 나아가 개인이 인격과 성향에 따른 '사상'의 측면에서도 사회나 국가와 불화를 겪는 경우도 발생한다. 일제강점기와 전쟁, 그리고 민주화의 역경을 거치며 벅차게 달려온 한국의 개인들은 '정의'와 '평화'라는 이데올로기와도 한판 대립의 장을 거쳐야만 했으니 얼마나 핍진한 삶의 고갯길이었겠는가.

필자는 지금까지 김봉균 시인과 일면식도 없는 관계다. 다만 한국작가회의를 통하여 시조분과 위원장인 필자에게 연락를 해 왔고 서로의 시집과 저서를 교환하여 보게 된 인연이 있을 뿐이다. 그의 약력을 보면 충남 공주시 사곡면 운암리에서 출생하여 지금까지 고향을 지키며 농군의 삶을 영위하고 있다. 그런 변방의 사내가 지천명의 연치에 이르러 시조를 접하고 열정을 불사르게 된 심성의 근저를 가만히 들여다보면 그가 단순하게 땅만을 일구는 농부가 아니라는 것을 단박에 간파할 수 있다. 우리 농촌이 경제개발계획의 그늘에 묻혀 급속한 쇠퇴의 내리막길로 치달았을 때 그는 그 한복판에 서 있었다. 말로는 '새마을운동'과 '농촌 살리기'를 외치면서도 공업과 수출 위주의 경제정책으로 농업 인구는 줄고 WTO를 중심으로 발화된 FTA를 감당하며 농업의 피폐화를 초래한 정부의 소극적 농정을 온몸으로 받아들이며 농사를 지었던 그였기 때문에 그는 투사가 되어야만 했을 것이다.

김봉균은 시인이 되기 이전에 공주시 농민의 심부름꾼이었고 투사였다. 늘 주변을 아우르고 끌어안으며 역사를 통찰하였고 보다 정의롭고 올바른 농사꾼이 되기 위해 애쓰는 사람이었다. 두 권의 시집을 내며 쓴 후기에서 "지천명이 되어서야 늦바람이 났다. 그 바람결에 눈이 열려 세상의 아픈 곳을 보게 되었다. 귀가 열려 흙 속에 숨은 생명의 소리를 듣게 되었다. 어쩌다 입이 열려 서투른 시구를 말하기 시작했다. 가슴에 솟구치는 정열을 어쩌지 못하고 뛰쳐나갔다. 풀 한 포기에서도, 산을 보아도, 하늘을 보아도 온통 바람이 불고 있었다"(시집 『금강』 후기 중에서)라고 토로하고 있으며, "흙 속에 숨어 있는 생명의 소리를 찾아, 역사의 뒤안길에 서 있는 의식의 몸부림을 찾아 헤매던 순례자의 길에 또 한 번의 점을 찍는다"(시집 『녹두꽃』 후기 중에서)라는 소감을 부끄럽게 고백하고 있다. 이러한 말 속에는 그가 노심초사 농민회의 회장을 맡으며 전국의 집회와 험한 장소를 마다하지 않았던 연유가 고스란히 들어 있다. 이렇게 농군으로, 환경운동가로, 전국농민회총연맹의 공주농민회

회장으로 정성을 다하던 그에게 문학은 또 하나의 새로운 열병으로 혹독하게 다가왔다. 첫 시집에 쓰인 서시에서 그는 그 과정을 숨김없이 서술하고 있다.

> 한겨울에도/ 감기를 모르고/ 밤을 밝혀 일해도/ 거뜬히 일어서던 무쇠 덩어리/ 어쩌다/ 그 무쇠에 열꽃이 올랐다/ 끝내 일어서지 못할 것 같은 무력감/ 고뇌의 땀으로 범벅이 된 베개/ 굳게 닫혀 있던 아집이 깨지는 신열/ 얼음주머니로 온몸을 감아도/ 병원으로, 약국으로/ 어머니의 정성 들인 탕약으로도/ 그 열꽃은 질 줄을 몰랐다/ 그렇게 사십 주야를 앓고 나서야/ 서투른 시구 한 줄을 마음에 담고야/ 마흔아홉 해를 가렸던 눈에서/ 두꺼운 비늘을 떼고/ 푸른 하늘을 볼 수 있었다/ 금강에서 들려오는/ 생명의 소리를/ 조금은 들을 수 있었다
>
> —첫 시집 『금강』의 서시 「열병」 전문

이렇게 무서운 열병을 견디고 나서 시인이 된 그는 평소 가슴에 담고 있었던 농민의 서정과 운동가의 열정 사이를 오가며 역사의 뒤안길과 현장의 목소리를 함께 비벼 숙성시키기 시작했다. 마치 유럽 중세에 인간의 목숨을 유희로 전락시킨 왕족들에 의해 원형경기장에 서야 했던 검투사처럼 외부로부터 닥쳐오는 온갖 험난한 현실을 오로지 검 하나로 막아서는 심경으로 그는 역사의 애락이 서린 공산성 아래 광야에서 힘차게 노

래하기 시작했다. 전농 투쟁의 현장과 정신대 할머니의 빈소와 환경운동가의 거리에서 부르는 검투사의 노래는 울분과 정열과 사랑으로 가득했다.

> 땅속 깊은 곳에서 솟아오른 생명 줄에 이끌려 만석보에서 고부관아로 우금치까지 달려온 무명 잠뱅이들의 열정으로 움켜쥔 북채를 따라 송장배미 논두렁에서 처음 북은 울었다. 길고도 높은 보릿고개에 사월의 희망을 심고, 무서운 군화 밑에서 오월의 망월동 감꽃을 피우고, 승리의 함성으로 유월의 장밋빛 목마름을 채우며 북채는 또 울었다. 숭례문이 불타던 날 역사의 상처를 예감한 그들은 광화문의 힘찬 촛불로도 끝내지 못하고 다시 용산 망루의 불꽃 속에서 서러운 진실의 북은 오늘도 울고 있다.
>
> —제2시집 『녹두꽃』 중 「북은 스스로 울지 않는다」 부분

이렇게 역사의 발자취를 느끼고 엄중한 현실을 마주하며 김봉균은 새로이, 우리 민족의 서정을 천 년 동안 오롯이 지켜온 겨레의 자존심인 시조와 오붓하게 마주하고 서 있다. 인생에 있어서도 회갑을 넘긴 지천명의 기개로 그야말로 거칠고 험악했던 야전의 이야기를 정형시로 담기 위해 고군분투하고 있다. 이제부터 그의 인생 2막 시조를 만나보기로 한다.

2. 공산성을 품어 안은 고마나루의 함성

웅진은 백제의 수도였고 그 이름은 고마나루에 기원을 두고 있다. 고마나루는 백제 문주왕이 웅진 천도 시 이용하였던 교통로였고 나당 연합군이 백제를 공격하기 위해 금강을 거슬러 올라왔던 곳이며 백제 멸망 후에는 웅진도독부를 설치하였던 곳으로서 백제 역사의 중심 무대이자 국제적 교통의 관문이었던 곳이다. 또한 금강의 수신에게 제사를 올리던 웅진단熊津壇 터가 남아 있는 등 백제부터 조선시대에 이르기까지 공식적인 국가의 제사 공간이었고 서민들의 주요 생활터이자 수상 교통로로서 민중의 정서와 애환이 짙게 서려 있는, 역사적 가치가 큰 곳이다. 그 현장에서 살아가고 있는 이순의 시인이 첫 시조집을 내는 기개가 담긴 「시인의 말」을 보자.

수천 년을 두고 이 땅에 불어온 아픈 바람은 갑오년 하늘을 만나서 민주의 싹으로 살아나 큰 바람이 되어 반도 땅에 정의의 돛대를 올린다.

광화문까지 불어온 바람은 좀 순풍이 되는가 싶더니 아직도 갈 길이 멀다. 그 바람을 또 한 번의 억울한 아픔 백남기 선생의 길을 따라 글로 옮긴다.

–「시인의 말」 부분

시인은 갑오년의 항쟁을 "민주의 싹"이 움튼 시발점으로 보고 있다. 그것은 아마도 '인내천人乃天'의 항심을 깊이 가슴에 받아들였기 때문이라고 생각되는데, 그 "반도 땅에 정의의 횃대를 올"린 "큰 바람"은 백 년의 시간이 더 지나 농민운동가 '백남기 옹'에 이르고 있다고 기술한다. 그것은 그 자신도 격동의 한복판을 지나온 한 사람으로서 마음속으로 일말의 사명감을 느꼈기 때문이었을 것이다. 수운 최제우 선생이야말로 동서양의 학문을 지득한 후 이 땅에 가장 인본적인 논리인 '인간이 주인되는 세상'을 주창하며 신선한 돌풍을 일으킨 인물이다. 이에 자각한 농민들은 동학민중항쟁이라는 거대한 혁명을 일으키기도 했다. 시인은 「금강」 연작을 통하여 누누이 갑오년의 기억을 되새기고 있다.

어둠을 헤쳐 온 달이 새벽 안고 내려설 제
무거운 바람 자국 은모래에 서성이고
흰 깃발 날리던 갈숲엔 긴 핍월이 울고 있다

사공은 간데없고 노송만 기다리는 나루,
갑오년 아우성은 송장배미에 묻어둔 채
보릿동 넘기 지친 하현달 아침 강에 씻는다
–「금강 1」 전문

금강은 호남평야의 젖줄로서 백제시대에는 수도를 끼고 문화의 중심지를 이루었고 일본에 문화를 전파하는 수로가 되기도 하였다. 그러나 백제가 멸망하고 당나라의 군사들이 짓밟은 뒤 고려와 조선을 거치는 동안 금강은 줄곧 민족의 한을 머금은 비극의 강이 되었다. 동학운동 때에는 전봉준 장군이 공산성 나루에서 붙잡혀 금강을 건너 압송되기도 하였다. 바로 이 장면을 연상하듯 김봉균은 여러 편의 「금강」을 시집에서 다루고 있다. 금강을 중심으로 하는 평야는 곡창지대지만 "흰 깃발 날리던 갈숲엔 긴 핍월이 울고 있다"라는 표현에서와 같이 보릿고개의 허기와 궁핍이 가득한 '핍월'에 지나지 않았던 이유를 우리는 역사를 통하여 이미 잘 알고 있다. 부패한 관리들은 모든 수단을 동원하여 가렴주구苛斂誅求를 일삼았고 이에 격분한 동학군은 항쟁을 도모하였다. 그러나 모리배에 불과한 조정에서는 자국민의 안위를 무시하고 청군과 일본군에 토벌을 요청함으로써 역사에 돌이킬 수 없는 대죄를 짓고야 말았으니, 이로 말미암아 농민군은 대부분 목숨을 빼앗기는 처참한 지경에 이르게 되었다.

그래서 농민회장 김봉균이 가장 가슴 아파하는 대목이 바로 갑오년이며 아마도 그의 시가 발원하고 있는 지점이 1894년이라고 해도 과언이 아닐 듯하다. 시인이 되기 전에 우리의 역사와 농민의 실정에 눈이 밝았고 민주화의 현장을 누빈 김봉균에게는 현실의 비정함이 더욱 처절하게 다가왔을 것이다. 그가

대하는 금강은 그냥 강이 아닌 울분과 열정이 가득한 거대한 정신의 물줄기였을 것이다. 금강도 묵묵히 이러한 역사적인 울분의 장면들을 다 지켜보았을 것이며 그렇게 강과 마음이 상통하게 된 시인은 "갑오년 아우성은 송장배미에 묻어둔 채/ 보릿동 넘기 지친 하현달 아침 강에 씻는다"라며 격분을 달래고 있는 것이다. 현실과 역사를 직시할 줄 아는 사람과 그렇지 못한 사람의 경우 현장을 바라볼 때 시각과 감정에 큰 차이가 날 수밖에 없다. 그 가장 큰 차이는 대상을 보는 마음에 '사랑'이 담겨 있느냐 아니냐의 차이라고 말해도 좋을 것이다.

천 년을 기다려서 뜻을 세운 남도 땅에
녹두꽃 진다 하고 아이야 설워 마라
부명에 핏빛이 물든 자유의 꽃 보리라

파랑새 날아오르다 찬 서리에 떠는 날,
껴안고 몸부림치다 기다림마저 스러지면
차라리 광야로 달려가 바람 막아서리라
—「녹두꽃」 전문

녹두꽃이 상징하는 바가 꼭 전봉준 장군이 아니어도 좋고 청포 장수가 울고 가도 아무 상관이 없다. 꼭 그렇게 단정하지 않아도 좋다는 말이다. 다만 시인이 열거한 '남도 땅', '녹두꽃',

'자유', '파랑새', '광야'라는 시어들의 분위기는 굳이 설명하지 않아도 어느 한 꼭짓점을 향하여 다가가고 있음을 감지하게 되니, 자연스럽게 녹두장군과 동학의 바람결이 느껴지고 더 가까이 오면 신동엽의 시 「금강」과 공주농민회의 열정과 도전 등이 함께 어우러져서 '녹두꽃'은 비릿하고 오롯하게 공산성의 둘레를 훤하게 비춰주는 고마나루의 대표적인 이름으로 다가오는 것이다. "껴안고 몸부림치다 기다림마저 스러지면/ 차라리 광야로 달려가 바람 막아서리라"라는 각오는 이미 김봉균이 살아온 길이었으며 미래를 향해 달려 나갈 전도인 것이라서 이 두 수의 시조가 더욱 장하고 융숭하게 다가오는 것이리라.

3. 수척해진 빈집의 마당가에서

농사가 중요하다는 것이 공염불로 전락한 것은 우리 사회에서 이미 오래된 이야기이다. 자유무역협정FTA이라는 세계적인 추세를 국가 차원에서 수용해야 했을 때 고민은 중차대했을 것이다. 특히 공산품을 제조하여 수출하는 것으로 경제가 순환되는 국가적 입장을 고려했을 때 그것은 피할 수 없는 상황이었을지도 모른다. 그러나 보다 더 궁극적인 차원에서 미래를 생각해본다면 농사를 거의 포기해야 하는 협정 이후의 결과에 대해서도 더 깊고 장기적인 안목으로 짚어보아야 할 것들이 많았다. 그러나 우리나라 대기업들과 거의 한통속이 되어서 압박의 수위를 높였던 경제 대국들의 위력은 우유부단했던 정부의 발목을 잡아버리고 말았다. 컴퓨터와 반도체, 그리고 자동차 수출에 혈안이 되어 자국의 농사를 무시했던 시각은 너무나 많은 것들을 휩쓸고 가버렸다. 가뜩이나 경제개발정책의 진행으로 반죽음이 되어 있던 우리 농업은 이제 옴짝달싹도 못 하는 신세가 된 것이다. 주식인 쌀은 물론이고 하다못해 채소와 과일까지도 수입품이 대체하게 되리라는 것은 불 보듯 뻔하게 예측할 수 있었던 일이었다. 인간의 편의와 경제적 이익을 위한 화학공업과 유전공학의 육성은 지구온난화를 재촉하여 지구의 존망을 걱정하게 하는 극도로 위험한 것임을 자각해야 하지만 아직도 인간과 기업가들의 욕심은 끝이 없다.

이제 지구의 모든 식구들은 소비와 생활양식을 획기적으로 전환하고 지구별을 보호하는 대전환점을 돌지 않고서는 생존과 멸망의 두 고지를 다 성취하기란 곤란해졌다. 하지만 아무도 이 충고에 귀를 기울이려 하지 않는다. 미국의 거대 농산물 회사들이 변형 종자와 농약의 개발에 혈안이 되어 있고 지구상 인구의 상당수가 기아선상에 있는데도 호화 생활을 버리지 못한다. 독일 및 일부 북부 유럽에서 소규모 유기농을 살려야 한다는 운동이 전개되고 있지만 아직 언 발에 오줌 누기 단계를 뛰어넘지 못하고 있다. 오히려 편리와 풍족에 물든 인간이 결단을 내리지 못하고 기업들이 이를 부추기고 있는 상황이다.

이미 오래전부터 김봉균은 농군으로서 환경운동가로서 이러한 문제들에 대하여 고민해왔다. 그의 시 곳곳에는 이러한 생각의 일단들이 진하게 묻어 있다.

수줍은 날빛 아래
황톳빛 약속으로

세월을 삭여내어
시커멓게 멍들고도

상처를 안은 자리에
희망의 싹 키운다
—「흙」 전문

흙은 농사의 가장 중요한 밑천이며 근원이고 어머니의 자리에 있는 것이니 형이상학形而上學을 들먹이지 않아도 농사의 주체이며 이상이며 불변의 대상이라고 할 수 있다. 또한 흙은 함축하고 있는 저변이 광대하고 깊어서 한마디로 표현하기 어려운 대상이다. '약속', '멍', '상처', '희망' 등의 시어와 '흙'이 결합하면서 배가되는 의미의 확장은 핵융합과도 유사한 폭발력을 방불케 한다. 흙은 우리 인간에게 지구, 땅, 부동산, 밭, 논, 대지, 산과 강 등의 함의로 해석될 수도 있는데, 이 모두 삶의 핵심을 구성하는 주요 요소이다. "황톳빛 약속"은 농부가 꿈꾸는 가장 바람직한 것이 아닐까 생각되며 다산과 풍작을 상징하는 빛이리라. 그러나 그러한 희망이 해마다 오는 것은 아니어서 "시커멓게 멍들고도" 농사는 쉬지 못한다. 그래서 농부가 "흙"을 생각하는 데는 오직 사랑과 기대뿐이지만 계절에 따른 기상변화 등의 변수는 농부가 알지도 못하며 조절할 수도 없는 것이다. 해마다 농사를 짓다 보면 "상처"가 생기지만 그 상처는 다시 농부에게 교훈으로 되돌아와서 새 "희망"이 되어주니 얼마나 다행인가.

따뜻했던 아랫목은 바람 따라 비켜서고
상량문 겨우 일어서 지친 처마 달래주면
맴돌던 다듬이 소리 생명의 길 찾는다
–「빈집」 전문

"빈집"은 농촌의 피폐화를 상징하는 단어이자 강력한 단절을 의미하는 단어이다. 공업화가 추진되면서 가장 먼저 대도시로의 인구 유입이 진행되었다. 생산성과 환금성에 취약한 농업에 비하여 순환 주기가 훨씬 빠르고 생산성이 높은 공업과 서비스업으로 급속한 이동이 이루어지면서 노인층만 시골에 남게 되었고 그 1세대들이 교체되면서 빈집은 날로 늘어나고 있으며 이제는 아예 농사를 전문으로 하는 영농회사가 기계를 이용하여 경작하는 현상이 두드러지게 되었다. 그래서 빈집은 그냥 사는 사람이 없어져 버린 것보다 훨씬 의미심장하고 엄청난 개념으로 인식되고 있다. "따뜻했던 아랫목"은 항상 이불이 깔려 있어서 식구들은 그 속에서 발을 녹이고, 살아가는 모든 이야기들도 그곳에서 이루어진 삶의 한복판이었다. 그런데 그 현장이 "바람 따라 비켜서고" 가족은 중고등학교를 마치면 도시로 나가는 것이 당연한 일이 되어버렸다. 부모들도 자식에게는 농사를 시키지 않으려 했다. 힘들고 돈이 되지 않는 일이라고 생각했기 때문이다. 사람이 살지 않으면 집도 쉽게 망가지는 법이어서 "지친 처마"가 생기고 대들보에 선대 어른이 써놓으신 가보 같았던 "상량문"은 외롭게 울고 있다. 할아버지의 상량문에는 글씨의 위엄이 배어났고 길고 험난했던 가문의 긴 세월이 서려 있었다. 그와 함께 반드시 집과 가문을 지켜가야 할 엄숙한 책임감이 들게 했던 대들보였다.

의식주를 해결하기 위한 모든 일이 집에서 이루어지던 시절에는 식구들 모두가 바빴다. 농사를 짓는 것은 물론이고 집을 수리하고 연료를 해 오고 가축도 돌보아야 했다. 어머니는 식재료를 준비했고 음식을 만들었으며 옷을 짓고 세탁하는 일과 청소 등 할 일이 태산 같았다. 그래서 "맴돌던 다듬이 소리"는 어머니가 하시던 모든 일을 떠올리게 하는 구절이다. 맷돌을 돌리는 소리, 불을 때는 소리, 아이들 부르는 소리, 가축에게 모이를 줄 때 내던 소리, 도리깨질하는 소리, 탈곡기 돌아가는 소리, 더하여 힘든 일을 할 때 내던 노랫가락과 할아버지의 헛기침까지 이 모든 소리는 "생명의 길 찾는" 소리였다. 그 소리가 곧 생명이요, 삶이요, 생활이었으니 빈집은 아무 소리도 나지 않는 생명이 없는 곳이 되어버렸다. 아, 그 시절 집에서 났던 모든 '소리'여. 그것은 이제 시인뿐만이 아니라 모든 사람이 다시 듣고 싶어 하는 소리가 되고 말았다.

텃밭에 여문 여름을 마당 가득 안아 들여
영근 들깨 달아보니 근심이 서 말이라
긴 세월 젖은 적삼에 달무리가 어린다
–「타작마당」 전문

타작打作이라는 말을 한자로 적어놓고 보니 새삼스럽게 많은 생각이 난다. 곡식의 껍질을 벗겨내기 위해 그것을 두드리는 행위에서 출발하게 되었을 이 작은 말이 열매를 거두어들이는 아주 소중하고 귀한 말이 되었음을 느낀다. "텃밭에 여문 여름"은 정겨운 표현이다. '여름'은 텃밭에 심어놓은 곡식과 채소를 말하는 것으로, 작물을 길러준 흙과 비와 바람과 햇빛 등 모든 자연과 농부의 손길까지도 포함한 '우주'와도 같은 말이다. 반독재 투쟁에서 한살림운동의 제창에 이르기까지 우리 시대 생명운동의 스승이신 무위당 장일순 선생의 생전 강연 및 대담 기록인 『나락 한 알 속의 우주』를 읽어보면 선생은 나락 한 알이 바로 우주라고 말하고 있으니, 이 얼마나 숭고하고 엄중한 표현인가.

그러나 "영근 들깨 달아보니 근심이 서 말이라"니 대단한 흉년이었나 보다. 깨가 서 말이 나왔어야 하는데 온통 쭉정이뿐이어서 '근심'만 남았다는 농부의 한탄에 공감이 간다. 더위를 견뎌가며 여름 내내 "젖은 적삼"도 참아냈으니 고생한 "긴 세월"이 안타까워서 "달무리가 어린다"라는 표현에는 앞을 내다볼 수 없는 절망이 서려 있다. 깨를 털어서 써야 할 비용이나 아이들의 학비 등속이 어렵게 되었으니 어쩌랴. "타작마당"이 휑하고 갑자기 머리가 복잡해진다. 농사를 짓는 어려움 중에 농부가 몸으로 때울 수 있는 것들은 큰 어려움이 아니다. 정작 힘든 것은 인간의 힘으로 어찌할 수 없는 기후의 변화인 것이다. 그래서 농사는 하늘이 지으신다는 말까지 나오게 되었으리라.

4. 목이 쉰 검투사의 노래는 울고

고대의 검투사는 인간이 아니었다. 싸움에 나가면 언제 목숨을 잃게 될지 모르는 불안을 늘 메고 다녀야 하는 처지였기 때문이다. 그런데 필자가 김봉균에게 '검투사'라는 별칭을 붙여 본 것은 그가 늘 자신의 위치에서 현실을 바라보며 어떤 문제나 대상을 회피하지 않고 스스로 어려움을 짊어지고 곤경의 가운데로 나아가는 것을 보았기 때문이다. 인간이 어찌 곤경을 두려워하지 않을 수가 있겠는가마는 스스로 책임질 자리를 맡는다는 것은 바로 소중한 이타利他의 정신을 수긍한다는 얘기일 것이다. 바로 김봉균이 걸어온 행적이 그러한 기질을 말해주고 있다. 또한 그의 작품에는 그러한 생각과 궤적이 흔들림 없이 자리하고 있다.

역사는 남과 북을 구분하지 않는다
햇빛은 흑과 백을 차별하지 않는다
바람은 가난한 자와 부자를 나누지 않는다

그러나 오열嗚咽을 삼킨 남일당 불꽃은
삼백쉰다섯 날을 뜨겁게 타올라
진실과 거짓을 나누어 파란 하늘에 깊게 새긴다
—「남일당 이분법」 전문

다시 김봉균의 시는 2009년 1월 20일 서울특별시 용산구 한강로2가 남일당 건물에서 발생한 화재 사건에 와 있다. 단순한 화재 사건이 아니라 사회적으로 큰 문제가 되었고 강경 진압과 일방 처리라는 의문이 강력하게 제기된 사건이었기 때문에 그는 가만있지 못하고 있다. 인권과 관련된 시민 활동을 하는 국제엠네스티에서조차 이 사건의 처리 방향에 대해 한국 경찰의 인권침해가 심각한 상태라고 판단했다. 이 작품의 배경이 된 남일당 사건은 철거민과 전국철거민연합 회원들이 재개발 보상 문제와 관련하여 남일당 건물에서 농성하던 중에 일어난 화재 사건으로, 경찰의 진압에 대해 철거민들이 화염병 등을 가지고 저항하는 과정에서 화재가 발생해 철거민 6명과 경찰 1명이 사망하고 24명이 부상을 입은 대참사였다. 시인이 왜 이러한 사건에 관심을 두는가는 개개인의 문제라고 생각하지만 사회의 낮고 험한 곳에 시인이 신호를 보내는 일은 어쩌면 당연한 일이라고 생각한다.

첫 수는 "역사는 남과 북을 구분하지 않는다/ 햇빛은 흑과 백을 차별하지 않는다/ 바람은 가난한 자와 부자를 나누지 않는다"라는 '대진리'의 기술로 시작한다. 이러한 구성은 둘째 수에서 이러한 '진리가 통하지 않았다'라는 것을 강력하게 부인하기 위한 배치이다. 그러니까 우리 사회는 '역사', '햇빛', '바람'도 순리대로 작용하지 않는 불공평한 사회라는 것을 시인은 목이 터져라 외치는 것이다. 사망자의 장례와 재판 절차에 여야 국회의원들이 갈라졌고 재벌과 세입자가 갈라졌으며 국민의 생각까지도 갈라져 버렸으니 엄청난 "이분법"이 작용했다고 볼 수 있다. 그래서 사망자의 장례식은 "삼백쉰다섯 날"이 지난 후에야 치러졌으니 "진실과 거짓을 나누어 파란 하늘에 깊게 새"겨야 했을 시인의 가슴은 까맣게 타버렸을 것이다. 그렇지만 아직까지도 "남일당 불꽃"은 사라지지 않고 있는데, 그

사건을 지휘한 경찰 간부가 고위직에 올랐고 사건 보도를 물타기 하기 위하여 언론 통제를 했던 권력자들의 몰염치와 불법이 후일 밝혀졌기 때문이다.

동굴 속 작은 평화 소지燒紙로 피워 올려
못다 부른 「이어도 사나」 섬의 상처 안아주면
속 타는 다랑쉬오름 구럼비에 눕는다

천 년을 다듬어 가꾸어온 생명의 열매
미쳐버린 총소리에 산산이 부서져도
아직도 뜨거운 감자 다시 모아 심는다
—「지슬」 전문

제주도에서는 감자를 '지슬'이라 부른다고 한다. '지슬'이라는 제목으로 제주 4·3민주항쟁을 주제로 한 영화가 제작되었는데 2013년 선댄스영화제에서 대상을 받으며 주목을 받았다. 도올 김용옥 선생은 제주에서 이 사건에 대해 발언하면서 "국가기관이 자국민을 살상한 오욕의 역사"라고 지적한 바 있다. '다랑쉬오름', '구럼비', '이어도 사나' 등 제주에만 있는 화산과 용암과 노래가 첫 수의 분위기를 견인한다. "다랑쉬오름"은 "동굴 속 작은 평화"와 연결되고, "이어도 사나"는 "섬의 상처"를 "안아주"며, 용암이 흘러내려 굳은 거대한 용암 너럭바위인

"구럼비"는 끓어넘쳤을 민초들의 함성을 상징하고 있다. 감자로 연명했던 그날의 현장을 기억하며 시제를 제주 고유의 방언 '지슬'로 놓음으로써 커다란 반향의 서정을 담아내고 있다.

"천 년을 다듬어 가꾸어온 생명의 열매"라는 둘째 수 초장을 만나면서 '지슬'은 다시 주목받으며 의미의 영역을 확장하고 있다. "미쳐버린 총소리"로 사건의 실체를 대변하고 진상을 안타까워하고 있으며 국가의 오판에 대하여 채찍을 가하고 있다. 시의 대미는 다시 모든 것을 덮어놓고 "아직도 뜨거운 감자 다시 모아 심는다"라며 평안하면서도 다정한 목소리로 끝을 맺는 둘째 수 종장이다. 이러한 구도는 '지슬'이라는 시제를 다시 한번 환기하고 지나간 광풍 같았던 항쟁에 대해 묵념을 올리는 듯 고즈넉해서 시를 읽은 뒷맛을 오래도록 뇌리에 남게 하는 도돌이표와 같은 작용을 하고 있다.

5. 고통의 끝에서 새날을 잡다

시인이 자주 역사를 회억回憶하는 것은 반성과 성찰의 의미와 함께 미래에 대한 배려에 기인한다고 생각한다. 그래서 좋은 사실보다는 돌이킬 수 없을 만큼 잘못되고 사달이 났던 날의 이야기들이 대부분이다. 김봉균이 갑오년의 상처와 일제강점기의 슬픔과 붉은 4월, 그리고 광란의 5월을 자주 시의 소재로 선택하고 끌어안는 것도 같은 맥락에 있다. 사건을 곱씹어 보고 사람을 호명하는 것은 시인에게도 아리고 힘든 과정일 수 있지만 이러한 과정을 통하여 역사를 받들고 아픔을 추스르며 밝고 희망적인 미래를 희원하여보는 것은 의미 있는 일이다.

까닭도 기약도 모르는
이역만리 서러운 길
아픈 상처 곪은 자리
밤마다 피울음에
아직도
억울한 이름
누울 곳이 없어라

가슴에 박힌 깊은 한恨은
녹는 눈에 놓으시고
꽃 피는 봄날이면
정든 친구 불러 모아
더딘 길
청사초롱 밝혀
새날 잡아 오소서
—「귀향歸鄕 1—해원解寃」 전문

필자는 영화 〈귀향〉을 보지 못했다. 아니 정확하게 말하면, 보지 않았다. 영화 포스터만 보아도 가슴이 너무 떨리고 분을 참지 못하겠어서 영화를 보았다가는 너무 큰 분노의 해일이 나를 덮쳐버릴 것 같은 두려움이 앞섰기 때문이다. 일본이 조선과 조선인에게 저지른 만행이 악랄하고 혹독하였다 하지만 열세 살 어린 소녀들에게 가한 저질 악행은 도저히 용납하기 어렵다. 더구나 그들이 돈을 벌기 위해서 자원했다는 일본 각료들의 변명을 들으면 온몸이 부들부들 떨리고 이가 부딪칠 것 같은 엄청난 격노가 밀려온다. 패전국 독일이 공개 사과와 반성을 여러 번 했는데도 일본은 아시아 전체를 우습게 보는 것인지 그 태도도 중국을 대할 때와 우리를 대할 때가 다르니 더욱 황망하기 이를 데가 없다. 정신대로 끌려갔던 할머니들이 거의 다 돌아가시고 이제 20여 분이 남아 계신 상황이니 혀를 깨무는 심정으로 일본과 단교를 해버리고 싶은 감정이 치솟곤 한다.

김봉균은 다시 황금자 할머니 영전에 서 있다. 열세 살 나이에 일본 순사에게 끌려가 노역장을 거쳐 위안부로 살아야 했던 할머니는 폐지를 주워 모은 돈으로 수천 만 원의 장학금을 기탁하기도 해 강서구가 최초로 구민장으로 엄수했던 것을 기억한다. "아픈 상처 곪은 자리/ 밤마다 피울음에/ 아직도/ 억울한 이름" 등은 다시 듣기도 힘들 정도다. 평소에 할머니는 "사과 한마디만 들으면 편히 눈을 감겠다"라고 하셨다지만 일본은 요지부동이었다. "더딘 길/ 청사초롱 밝혀/ 새날 잡아 오소서"라는 해원을 해준 시인의 위무가 더없이 따뜻하고 애틋하여 슬픔이 더 크게 밀려온다.

고통의 끝자락을
안아보지 않고는
세월의 발자국을
옮겨 적을 수가 없다
소한小寒을
스쳐 온 삭풍이
아비의 어깨를 누른다

바람의 눈물을
담아보지 않고는
하늘의 깊이를
결코 잴 수가 없다
삭여진
바람의 상처가
엄마의 눈가에 고인다
–「바람의 무게 1」 전문

마지막으로 시집의 표제작을 펼친다. "바람의 무게"라는 시제 밑에 "바람의 눈물"과 "바람의 상처"라는 구절이 연이어 나온다. 시인이 말하는 '바람'은 무엇일까. 두 수에 나란히 아버지와 어머니를 놓은 것으로 보면 부모님께 바치는 헌시이다. 연중 가장 춥다는 "소한을/ 스쳐 온 삭풍"으로 표기된 첫 수의 바람은 '고되고 험했을 부모님이 겪은 세월의 상처'일 것이다. 일제강점기와 해방 정국, 그리고 전쟁과 대립과 독재정치의 굴레는 물론이며 밥이 부족했던 가난의 고통은 또 얼마나 큰 고역이었으랴. "옮겨 적을 수가 없"을 만큼 지난했던 '바람'의 풍랑은 컸지만 시인은 이제 "삭여진/ 바람의 상처"를 생각한다. 이 상처는 아픔 끝에 딱지가 떨어져서 더 두껍고 튼튼한 피부가 돋아난 승화된 상처를 말하고 있다. 마치 허수경 시인이 말했던 "슬픔만 한 거름이 어디 있으랴"를 떠올리게 하는 눈물겹지만 또 대견하고 믿음직한 장면이 아닌가. 그렇다. 인생에서 어떤 큰 고난도 삭이고 지켜내면 튼실한 방탄막이 되고 거름이 되어 우리에게 되돌아오는 것이니 "바람의 무게"는 얼마나 묵직할 것인가. 그래서 바람의 무게는 "하늘의 깊이"만큼 거대하고 따뜻한 것으로 생각해도 좋을 것이다. 그리하여 우리의 생은 "고통의 끝자락을/ 안아보지 않고는" 잡을 수 없는 "새날"인 것이다.

6. 로그아웃

정의는 분노에서 출발한다는 말은 어쩌면 이율배반의 말인지도 모른다. 그러나 어느 대상을 향한 사랑과 관심이 없다면 분노는 아예 생겨나지도 않을 것이기 때문에 상극相剋에 서 있는 것처럼 보여도 분노와 사랑과 정의는 한 권속에 속하는 개념들이라 해도 과언이 아닐 것이다. 한자 의義를 파자해보면 羊과 我로 분리할 수 있고 이 두 개념을 연결하려면 공동체 생활을 하던 수렵시대를 상기해볼 필요가 있다. 양은 공동으로 잡은 먹이(동물)이며 아는 내게 돌아올 분량에 해당한다. 그래서 義의 기본 의미는 '내 몫'이 된다. 또한 가만히 생각해보면 우리 인간은 양에게서 많은 것을 얻으며 살아왔다. 고기와 젖은 물론이고 털까지 버릴 것이 하나도 없는 동물이다. 그런데 이 양은 한없이 온순하고 약한 동물이어서 사람이 보호해주지 않으면 맹수들 틈바구니에서 살아남기가 쉽지 않기 때문에 약한 자를 보호해주는 것이 옳고 바르다는 의미인 '옳을 義'가 되었을 것이다. 공동 수렵으로 얻은 고기를 나눌 때 내 몫보다 남의 것을 더 챙겨주며 약자를 보호하는 개념의 글자가 바로 의이다. 그래서 의연금義捐金, 의족義足 등 성치 않은 부분을 채워주거나 올바로 살아갈 수 있게 도와주는 것에 義가 들어가는 것이다. 그러므로 정의가 바르게 가는 길을 도와준다는 의미가 새롭게 들린다. 지금까지 살펴본 김봉균의 작품은 현실에서 늘

소외되고 고난받는 사람들의 이야기를 다루었고 형극의 역사를 소명한 것도 모두 義의 발현이라고 생각한다. 작고 보잘것없어 보이지만 시인의 이러한 위무는 뙤창으로 살며시 들어오는 겨울 별이 아니겠는가.

세 번째 시집을 내는 김봉균 시인이 이번에는 시조를 선택한 이유에 여러 가지 사연이 있으리라고 생각하지만 그가 육십 평생을 민족의 고난과 농군의 입장을 대변하며 살아온 사람임을 고려해볼 때 시조가 민족의 전통 시로서 오롯이 정형의 틀을 지켜온 것에 대한 경의를 표하는 것이라 여겨진다. 공산성은 말없이 서 있지만 그 위엄과 그늘이 내려주는 서기는 고마나루를 포근하게 감싸주고 있다. 그 변방에서 김봉균이 정열과 붓을 검투사처럼 들고 불의와 비정상에 대적하는 모습이 새 시집에 고스란히 새겨져 있다. 그래서 이 시집은 진실의 기록이며 검투사의 의기가 서린 광야의 노래인 것이다. 김봉균의 노래가 내포內浦 지방인 공산성을 넘어 한반도의 구석까지 오래도록 퍼져나갈 것을 기원하며 글을 맺는다.

| 작가 후기 |

우리말, 우리글, 우리 장단에 푹 빠진 채 육십 년
바람 속으로 달려온 길을 작은 책으로 올립니다.
우리글의 속살을 채우는 길에 일조하고 싶은 작은
소망을 세월의 무게에 눌린 절실함에 담아 작은
시조집으로 엮어봅니다.
이 책이 나올 수 있도록 수고해주신 '시긴는마을'
채빈 윤연옥 선생님과 제호와 화보를 주신 동양화가
허유 선생님, 바쁜 시간에도 귀한 해설을 써주신
정용국 선생님, 출판을 위해 도움주신
김영재 선생님께 진심으로 감사드립니다.

바람의 무게

—

초판 1쇄 2018년 12월 31일
지은이 김봉균
펴낸이 김영재
펴낸곳 책만드는집

—

주소 서울 마포구 양화로3길 99, 4층(04022)
전화 3142-1585·6
팩스 336-8908
전자우편 chaekjip@naver.com
출판등록 1994년 1월 13일 제10-927호

* 본 시집은 충청남도, 충남문화재단 후원을 받아 발간되었습니다.

—

ISBN 978-89-7944-673-9 (04810)
ISBN 978-89-7944-354-7 (세트)